中国摄影艺术年鉴

CHINA PHOTO ALMANAC

2015卷

主编：高健生

国际文化出版公司
·北 京·

《中国摄影艺术年鉴——2015卷》
编辑委员会

封面图片：海阔天空 / 摄影：高　洁

海阔天空，面向未来，中华民族的繁荣发展就是民族大义！

2015年10月，中国共产党十八届五中全会决定："坚持计划生育的基本国策，完善人口发展战略，全面实施一对夫妇可生育两个孩子政策，积极开展应对人口老龄化行动。"

目　录

前言 \ 高健生

一年一卷，今年是《中国摄影艺术年鉴》出版的第十卷。

第十卷，而不是第十本，称它为“卷”，因为尊重它。

所谓“卷”，应是出自对古代竹简装订方式的描述，“孔子喜《易》，韦编三绝”，牛皮绳串联的竹简，竟被翻断了多次，孔子读的书就是成卷之书。于是“卷”字便成了表达对书籍敬重的量词。

在今年的征稿启事中，我们用了一张《九九消寒图》开篇，“庭前垂柳珍重待春風”其寓意即是征稿阶段的应冬之景，更是表达对作者、读者的珍重和祝福，九字各九笔，九九归一便是十，不仅是累计数，也是新起点。

在《中国摄影艺术年鉴》的出版宗旨中，有言道：“作为一部记录中国摄影艺术发展状态的综合性、编年体、大型艺术史籍画册，记录了中国摄影艺术的当前现状和发展过程，于今、于史都有着巨大的文化传播和文明承载作用。”《中国摄影艺术年鉴》不是一部当年摄影的获奖作品集成，也不是当年新闻事件的集成，虽然它兼而有之，但其重点则是润物无声的“随风潜入”，它的作者人群面向全民，从懵懂少年到耄耋老者，从在校学生到国家栋梁，地不分南北，人无论长幼，凡喜欢摄影的人皆为作者，所以有“您记录了历史，年鉴把您载入了历史”的承诺。十年来，中国摄影微妙渐进的变化，只有时间能发现。十年前，建设成就是热点，十年后自然生态是热点，那么多鸟、那么多绿，那雾霾、那蓝天，题材的变化，也是全民观念的变化，生态环保的启智在十年中逐渐深入，这是文明的进程。“中国式摄影”讽刺了扎堆、同质化现象。但也正是这种从众的心态，在相互影响着彼此，大家携手向前，不是说“停下来，等一等灵魂”吗？慢慢地走，享受着灵魂附体。

《中国摄影艺术年鉴》所要展现的是历史发展的脉络，正确的选择标准，是它的权威性的保证，采样方式决定呈现结果，以往的自然来稿方式，保证了随机性中的普遍性，随着社会的发展以及摄影技术的革命，作者的年轻化、作品的观念化已成新的趋势，加强与年轻作者的沟通成为新的议题，而年轻作者的强烈的自我意识又使他们游离于主流之外，加之传统纸媒的式微、移动互联自媒体的出现，更加重了这种现象的发展。吸引他们，让年轻人更主流些，让他们对社会的影响力再大些、使他们的社会责任感更强烈些，是我们今后的目标，因此我们选择了和大学的合作。从本卷起《中国摄影艺术年鉴》将和沈阳城市学院共同编辑出品，本卷新增中国高校大学生作品专版，我们名之为《朦胧的远方》，这些新人新作技法多样、观念新颖，尽管有些作品尚显青涩，但“朦胧的远方”依旧是远方。随着合作的深入，我们相信下一个十年《中国摄影艺术年鉴》将会在现在的基础上更加凸显它的社会及艺术价值，“问渠哪得清如许，为有源头活水来”。生生不息，一卷再卷，我们只想是您“人生百卷”中的一卷。

聚焦大河上下，长城内外，乐山乐水，见仁见智

一镜走天涯，风月无边

中国摄影艺术年鉴

贰零壹五卷

欸乃一声山水绿 / 摄影：高占祥

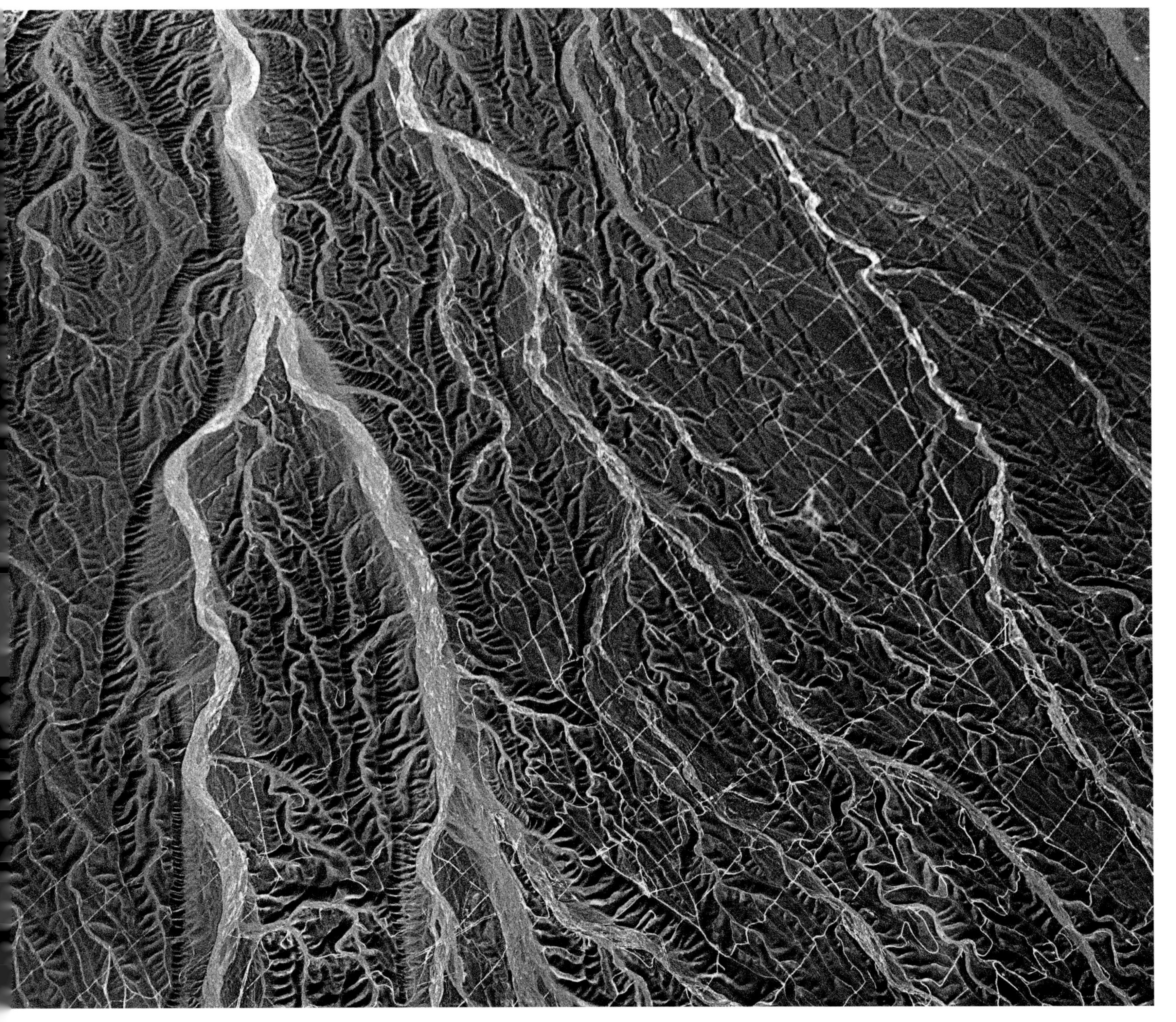

大地写意 / 摄影：王　悦

横空出世莽昆仑 / 摄影：张桐胜

经幡猎猎朝神山 / 摄影：徐伟浩

大漠英雄 / 摄影：席世宏

大漠英雄 / 摄影：席世宏

鹰击长空 / 摄影：刘应华

迷幻魔鬼城 / 摄影：韩延松

迷幻魔鬼城 / 摄影：韩延松

迷幻魔鬼城 / 摄影：韩延松

迷幻魔鬼城 / 摄影：韩延松

迷幻魔鬼城 / 摄影：韩延松

雾锁北京 / 摄影：刘培恩

罗布泊·楼兰古城印象 / 摄影：李勇俊

晚霞 / 摄影：姚丛新　　乌鲁木齐市以南天山脚下的索尔巴斯陶草原，一头牛自由自在地沐浴晚霞之中。

夕阳牧歌 / 摄影：陈雅娟

国之瑰宝——洛阳龙门石窟 / 摄影：张志强

云耕 / 摄影：侯智宽

黄山 / 摄影：侯智宽

冰河渐封 / 摄影：侯希智

夕阳魔鬼城 / 摄影：侯希智

云涌御霞归 / 摄影：张志强

原野金光 / 摄影：张志强

圣湖圣水 / 摄影：邓喜平

云和梯田 / 摄影：张在峰

浙江省丽水市云和县崇头镇。云和梯田在每年春夏之交，田中的水受热蒸发而上，因气流影响而形成云海，化为云雾烟雨，清晨的霞光倒映于水田之中，衬以白云缭绕，使之出现虚实与层次，线条与光影，组成一幅幅变幻莫测的天然画卷。

日照金山 / 摄影：张在峰

2015年10月3日拍摄于四川省阿坝藏族羌族自治州小金县日隆镇。四姑娘山是四川省境内仅次于贡嘎雪山的第二高峰。这四座山峰长年冰雪覆盖，云雾缭绕，犹如头披面纱、姿态俏丽的四位少女含情脉脉地驻立于长坪沟和海子沟上。

丹东风光——虎山冬雪 / 摄影：曾　伟

虎山长城依山就势，蜿蜒北去，这里山川秀丽、江河清碧、风景优美。临江峭立的虎山，于沿江丘陵中异峰突起、险峻挺拔、怪石嶙峋。沿长城拾级而上到达峰顶，举目看去，江城丹东的高楼大厦及鸭绿江大桥映入眼中；放眼远眺，烟波浩渺的黄海依稀可见。回首北望，阡陌纵横，屋舍俨然，虎山长城犹如一颗明珠镶嵌在鸭绿江畔，成为鸭绿江风景名胜中一个旅游胜地。

长城岁月 / 摄影：姜永宽

辽宁省绥中县位于葫芦岛市的南部，山川秀丽，名胜古迹颇多，自然景观独具风采。小河口长城坐落在绥中县永安堡乡西沟村一带雄险陡峭的燕山山脉上，是辽宁境内的明长城主干线，贯穿7个自然村，是冀辽两省的分界线。

守望 / 摄影：王　正

大连金石滩“石猴观海”景观。不少摄影师曾经拍过这个地方，这幅作品的不同之处在于赋予了这幅风光片更多的情感与人情味。你似乎可以感觉到这块本无生命的礁石如同一个温情硬汉深情地凝视着远方，它的视线里，可能是华灯初上的城市，可能是热闹的人群，也可能是那一抹火红的晚霞……。

达古冰川神牛湖红石 / 摄影：王　捧

国韵 / 摄影：任 龙

古城牧归 / 摄影：姜晓冬

日出东方 / 摄影：汪晓峰

北极熊的困窘 / 摄影：倪益瑾　　地球气温上升，海冰融化加剧，作为北极之王的北极熊觅食越来越难，常常全家饥肠辘辘，正面临严重的生存危机。

流泪的北极冰川 / 摄影：倪益瑾　　号称“当之无愧的最美冰川”的摩纳哥冰川，正在加速消融，风光不再。

夏到北极 / 摄影：倪益瑾　　夏季给位于北纬78~81度斯匹茨卑尔根島带来了一片盎然生机。

古堡霞飞 / 摄影：王永和

太行仙境 / 摄影：张国利　　南太行王莽岭，是一座巍峨挺拔的大山，其险峰幻叠，云海浩翰，瞬息万变被之为“云山幻影”。

杏花烂漫 / 摄影：高志平

冰虹 / 摄影：范海英

罗平晨韵 / 摄影：杨惠光

巍峨太行 / 摄影：张海勇

在中华大地的版图上，有一座蜿蜒八百余里的古老山脉，雄浑刚劲，纵贯南北，以苍峻之势在中华大地上凸起一道巨大的天然屏障。在它独特的地貌中，孕育了苍穹险绝的长崖陡壁；在它巍峨的气势中，耸挺出雄阔峻拔的群峰峭岭；在它壮观的绝壁上，流淌着气势恢宏的瀑布冰融。它，就是号称“中华脊梁”的世界名山——太行山。

八百里太行山，更像一条伏卧在地球上的苍茫巨龙，雄伟壮观，巍峨竣阔，在中华民族的历史长河中留下了不朽的神奇传说。它的雄伟壮观，犹如一卷巨幅国画映照出中华民族的厚重与博大，它的巍峨竣阔，犹如一座巨型雕塑记录着中华文化的伟岸与神奇。

龙腾大地 / 摄影：吴岩峰　　大兴安岭南翁河湿地国家级自然保护区。俯视大地弯曲的湿地河水，犹如一条巨龙盘旋在大地上，感叹自然的鬼斧神工！

雪漫雄关 / 摄影：丁肇骏　　北京箭扣长城

梦之山谷／摄影：张玉玲

蒸腾／摄影：范毅强

大自然的妙手神功总是在意料之外创造出令人惊叹不已的神曲。冰凌、冰柱高挂，流水喧嚣而下。是云，是雾，是烟？飞泻与静止，喧嚣与宁谧，黄土与坚石，高坡与河道，动态和静态相得益彰，大自然绘出的巨幅山水图，诠释了生命的伟大！

直挂云帆济沧海 / 摄影：刘　洪

滇池开海 / 摄影：刘　洪

山魂／摄影：李维超

墨海水韵／摄影：唐学斌

在那桃花盛开的地方 / 摄影：李文敏

一直羡慕西藏林芝的雪域桃花，那美丽的天空让人心情舒畅、远处的雪山令人神往、盛开的粉色小桃花惹人喜爱，留住这个画面，记往祖国的这个像梦一样的地方。

雾里看花 / 摄影：李培君

无量山樱花谷，位于云南大理州南涧县无量镇德安村。每年11月底至12月初，间植在茶园中的冬樱花竞相开放，以茂密的原始森林为背景，以铺满大地的翠绿茶园为依托，把春的气息牢牢地固定在这风和日丽的彝乡大地，一旦云雾笼罩，美丽樱花更加梦幻，构成一幅人间仙境图。

樱花云裳 / 摄影：李培君

大地之臂／摄影：丁文山

奈曼旗怪柳林／摄影：钟秀珍

内蒙古通辽市奈曼旗

怪柳林之眼 / 摄影：丁秋梅

绿石谷 / 摄影：张建文

绿石谷隶属辽宁本溪汤沟国家森林公园，因谷中石上苔藓碧绿，大小瀑布众多而闻名。“绿石谷”景区有三沟九瀑、十流数十泉，五峰峭苍穹。还有五女峰、双龙潭等，苔藓绿石，峰岚叠瀑，伟岸俊气，天造地设，千古奇绝。有诗曰：“绿石谷中柔嫩情，勃发苔藓绿黄青。五女峰峭美如画，叠瀑飘纱迷雾轻”。

浩瀚星空 / 摄影：陆春景

黄河乾坤湾 / 摄影：李长兴

黄河乾坤湾，位于山西省永和县和陕西延川县交界的黄河段，河道拐了一个超过三百度的大转弯，犹如巨龙盘桓其间，拥抱“阴阳鱼”图，形成十分壮观的太极图型河湾，俗称乾坤湾。

母亲河 / 摄影：刘亦兵

红土人家 / 摄影：李怀清

大地调色板 / 摄影：彭庆辉

重庆市万州区太安镇秋收时节遍山染黄、稻谷飘香，千层梯田翻“金浪”。绵延太安山脊的“千层梯田”是三峡库区农村富庶之地，总面积超过15平方公里，幅员辽阔、蔚为壮观，至今已有1000多年历史。太安千层梯田2013年被重庆市命名为“十大最美乡村”，与红河哈尼族梯田、桂林龙胜梯田一并登上《中国国家地理》杂志排行榜。

田园黄花 / 摄影：武士芬

贡嘎雨霁 / 摄影：周明华

贡嘎星云 / 摄影：周明华

巍巍贺兰山 / 摄影：张治军　　贺兰山脉位于宁夏回族自治区与内蒙古自治区交界处，海拔2000~3000米，为近南北走向，绵延200多公里，宽约30公里，是中国西北地区的重要地理界线。山体东侧巍峨壮观，峰峦重叠，崖谷险峻，山势雄伟，若群马奔腾。

高原初雪 / 摄影：闫怀庚

夏日里阴雨浮云飘荡在甘孜白玉的高山之巅，来回寻索着绿意的浓淡，顺便肆意的拂过每个山间的凸起，不论是植被还是岩石。在甘孜通往亚青的盘山公路上，偶遇了这场小小的初雪，海拔四千多的山风在这个垭口似乎放轻了脚步，显得不那么凛冽，站在这儿，透过绿意风雪，可以看到和感受到轮廓、褶皱、过渡、纹理、造型、颜色，让人开怀而放松，自然而愉悦。

秋忙炊烟早 / 摄影：高玉峰

日出东方 / 摄影：刘培恩

北京黎明 / 摄影：刘培恩

鸟瞰香港/ 摄影：喻星源

东方明珠 / 摄影：杨素珍

我的梦 / 摄影：于旭臣

琼之光 / 摄影：邓士平　　中信国安天下第一城

京杭大运河——通州玉带路大桥 / 摄影：庞维新

祈福寺之夜 / 摄影：李永成

蒙山牌楼 / 摄影：李永成

椰城上空的月全食 / 摄影：蒋聚荣　　2015年4月4日拍摄于海口夜空上的月全食。

伊犁河畔／摄影：邵奎威

草海泛舟／摄影：柏建华

美丽的泸沽湖中有一大片草海，人们泛舟湖上，享受大自然的美景。

繁星环绕 / 摄影：宋大德

胜利油田／摄影：李象凯

西部化工／摄影：李象凯

梅里雪山/ 摄影：李东红

央迈勇雪山 / 摄影：李京瑞

日漫贡嘎山 / 摄影：李京瑞

美丽的山丹 / 摄影：高鹤云

地处张掖的山丹县，有闻名遐迩的世界最大马场——山丹军马场，它恰如一颗巨大的翡翠镶嵌在祁连山北麓的高山草原之中。

白桦树／摄影：贺秉理

草甸上的羊群／摄影：贺秉理

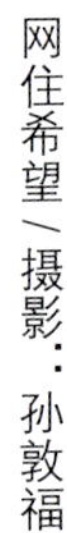

网住希望/摄影：孙敦福

撒下希望/摄影：吴祝华

披月归来 / 摄影：佘佳虎

静谧／摄影：陈亚红

拍摄时间：2015年12月；拍摄地点：内蒙古乌兰布统乡。朝霞中，雪原上的蒙古包傲立在晨雾中，见证这美丽的瞬间！

日出仙鹅湖／摄影：杨大明

秦岭深山明珠——仙鹅湖以其独特的地理位置而享誉华夏，其日出也与别的湖泊不同，云海笼罩湖面上空久久不散，霞光透过云雾射到湖面，水气氤氲，沁人心脾。

沙流 / 摄影：王宏力

水墨·印记／摄影：卞支埃

水墨·印记／摄影：卞支埃

海播 / 摄影：段文杰

土峰林 / 摄影：邓士平

一片冰心在玉壶 / 摄影：苗建国

光影 / 摄影：王爱民

黄昏 / 摄影：韦　东

锦江山晨曦 / 摄影：曾 伟

锦江山坐落在丹东市北面，锦江山的海拔只有136.8米，一年四季，风景如画，是国内外广大游客来丹东必游之地。锦江山亦有云海。大雾来袭，登锦江山最高楼阁的曙光阁可观云海奇观：如入仙境，瀑布流云，波澜壮阔。在山花盛开的几天时间里，能拍到云海、日出和山花，花团锦簇，翠山掩映，层峦叠嶂，一山尽得天下秀。

峭石之城 / 摄影：朱长林

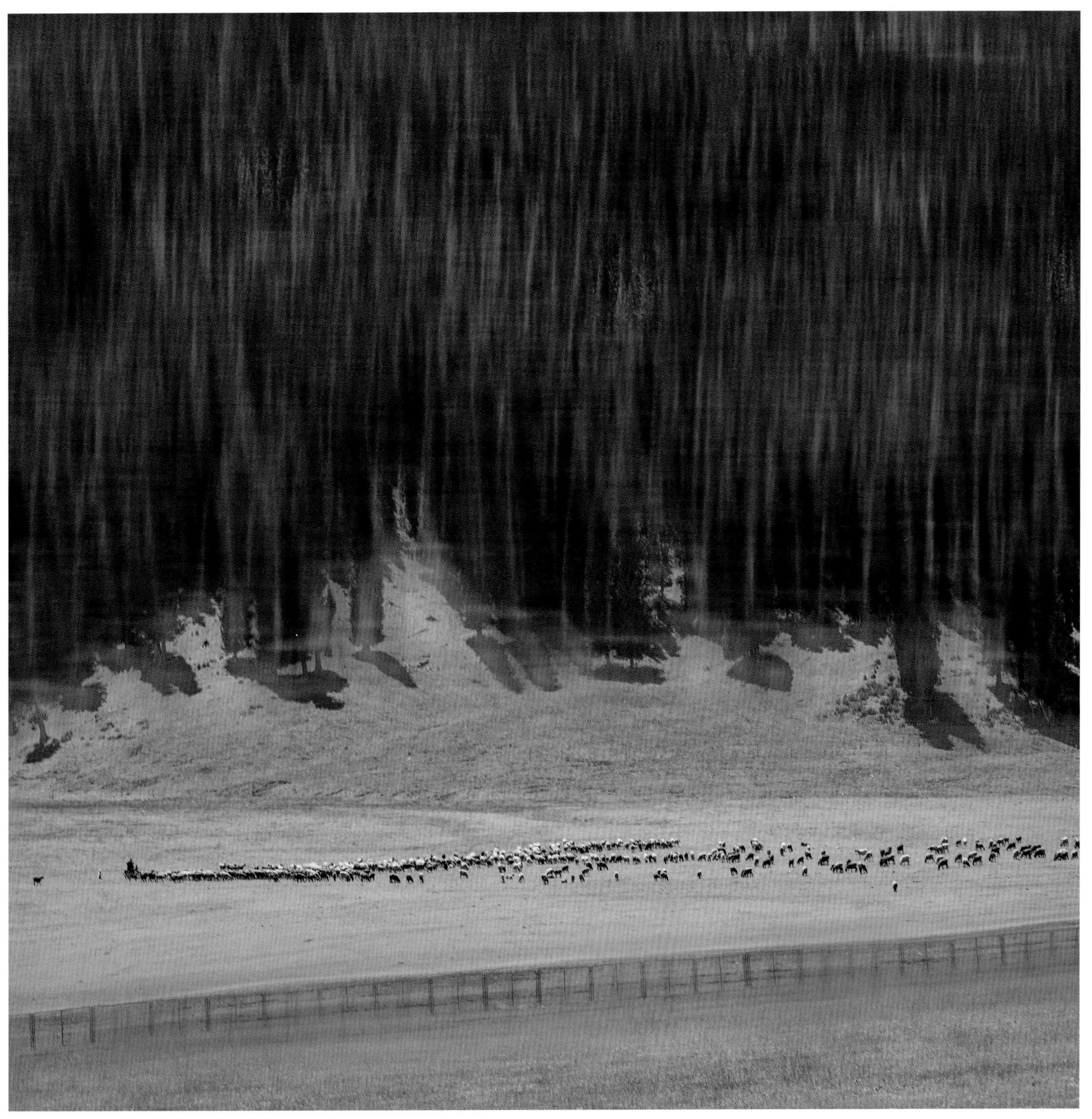

高山牧场 / 摄影：朱长林

晨起 / 摄影：谭文东　清晨，霞光初露，轻雾飘游在广西中渡古镇群山间，撑起小船前去捕鱼的渔家。

沉舟侧畔，芳草萋萋／摄影：张　震

椅子的幸福生活／摄影：张　震

相互辉映／摄影：凌显龙

魅力沈城／摄影：刘秀儒

路 / 摄影：高宪杰

珠峰夕照 / 摄影：劳荣基

圣山荣光/摄影：胡志林

雪山人家/摄影：朱润辉

特克斯县地处天山北坡西部，乌孙山南麓，平均海拔800~1200米，风光秀丽，气候宜人。草原景色秀丽，山峦起伏跌宕。

珠峰星夜 / 摄影：阚　蓉

大地之歌／摄影：施维天

云南文山普者黑

贡嘎神山／摄影：黄　宁

北极光 / 摄影：王大禾

祁连风情 / 摄影：脱兴福

晨牧 / 摄影：邓永发　　冉冉升起的朝阳，一株金色的白桦熠熠闪光。树下，羊儿静静地吃草，不远处的乔木伫立相望，一切都是那么和谐、安宁。

树林晨曲 / 摄影：邹立芬

戈壁电站／摄影：唐密清

金秋／摄影：谢亚明

雾锁山峦 / 摄影：董觉群

天桥／摄影：马胜利

美丽的乌拉盖草原上，天缝中的一道彩虹恰似一座天桥，连通着天与地。

银河飞瀑／摄影：马胜利

吉林市白山水库上的晨雾，犹如瀑布飞泻一般。

宁静的秋天 / 摄影：方善文

大漠之魂/摄影：祝英培

雾漫樱花谷/摄影：李英文

岁月遗痕／摄影：刘鸿宾

流动的色彩／摄影：周特君

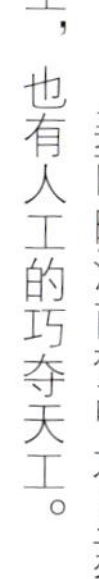

梦里苏州/摄影：裴思童

美丽的江南梦中水乡苏州，小桥流水，古宅深巷，人文荟萃。苏州是中国首批24座国家历史文化名城之一，它是自然与人工结合的典范。有大自然的鬼斧神工，也有人工的巧夺天工。

龙脊神韵／摄影：张国利

雾霭蒙蒙／摄影：陈　器

水泊畅想／摄影：计宁海

青海茶卡盐湖／摄影：平　民

牧羊曲 / 摄影：王　欣

守卫 / 摄影：刘怀民

美好家园/摄影：张桂萍

疑是银河落九天/摄影：高春雨

龙行津门 / 摄影：奚咏梅

静静的雁沙湖／摄影：黄晓玲

霞满灵山／摄影：秦国庆

湖边/摄影：姜凤羽

我不是“智者”，却“乐水”。印象中最深的一个湖，就是阿尔山的杜鹃湖。因春天湖的周边尽是怒放的杜鹃而得名。真美！她远离喧嚣，单纯浪漫，独处在原始森林的深处。我喜欢那份单纯、清幽和宁静。这是抚慰心灵的奢侈品。

殇/摄影：何瑞文

元阳晨雾 / 摄影：高景军

雪山霞韵 / 摄影：张淑芳

天路山下 / 摄影：魏向东

千山秋色 / 摄影：郭建中

诵经 / 摄影：谭晓华

古韵/摄影：关伟明

山西李家山村的老屋房顶/摄影：张琴生

天坛祈年殿

国家大剧院

中央电视台

APEC日出东方

圆明园大水法

鸟巢

龙马精神 / 摄影：李　忠

五台山风云 / 摄影：焦瑾琦

同辉 / 摄影：王国新

空中利剑 / 摄影：周　霆

亘古图腾 / 李维国

印象森林 / 李维国

茫茫宇宙浩繁星辰，我们已知的这个星球存在着生命。而地球的演变、生命的诞生，很多令人无法解读，我用影像做出“抽象建构”，表现物质和生命的存在……

涅槃 / 摄影：程玉杨

枯叶 / 摄影：马燕玲

佛光 / 摄影：苗丽秀

风见 / 摄影：封　建

水中浮萍 / 摄影：任新平

风雨清荷 / 摄影：南春友

二次曝光，把一株看似普通的荷花拍成了别有韵味的雨中之荷。

银妆素裹 / 摄影：南春友

北京龙潭公园雪后形成冰挂，景色诱人。

清晨出耕 / 摄影：邓元良

凌寒 / 摄影：张志强

我与自然的对话 / 摄影：张炳功

我与自然的对话 / 摄影：张炳功

夏日荷塘 / 张　林

岸上秋荷 / 摄影：刘军勇

满园春色 / 摄影：尤南良

一尘不染香到骨 / 摄影：陈明月

何故生来卓不群 / 摄影：陈明月

玉兰鸣翠 / 摄影：刘灵诗

雪柿子 / 摄影：张　杰

沐猴/摄影：刘孝良

左拥右抱 / 摄影：邱大建

苍生/摄影：王 武

山东烟台沿海滩涂。反嘴鹬把巢筑在死去的斑嘴鸭遗骸上，卵随时有可能被水淹没。

山中精灵 / 摄影：闫　亮

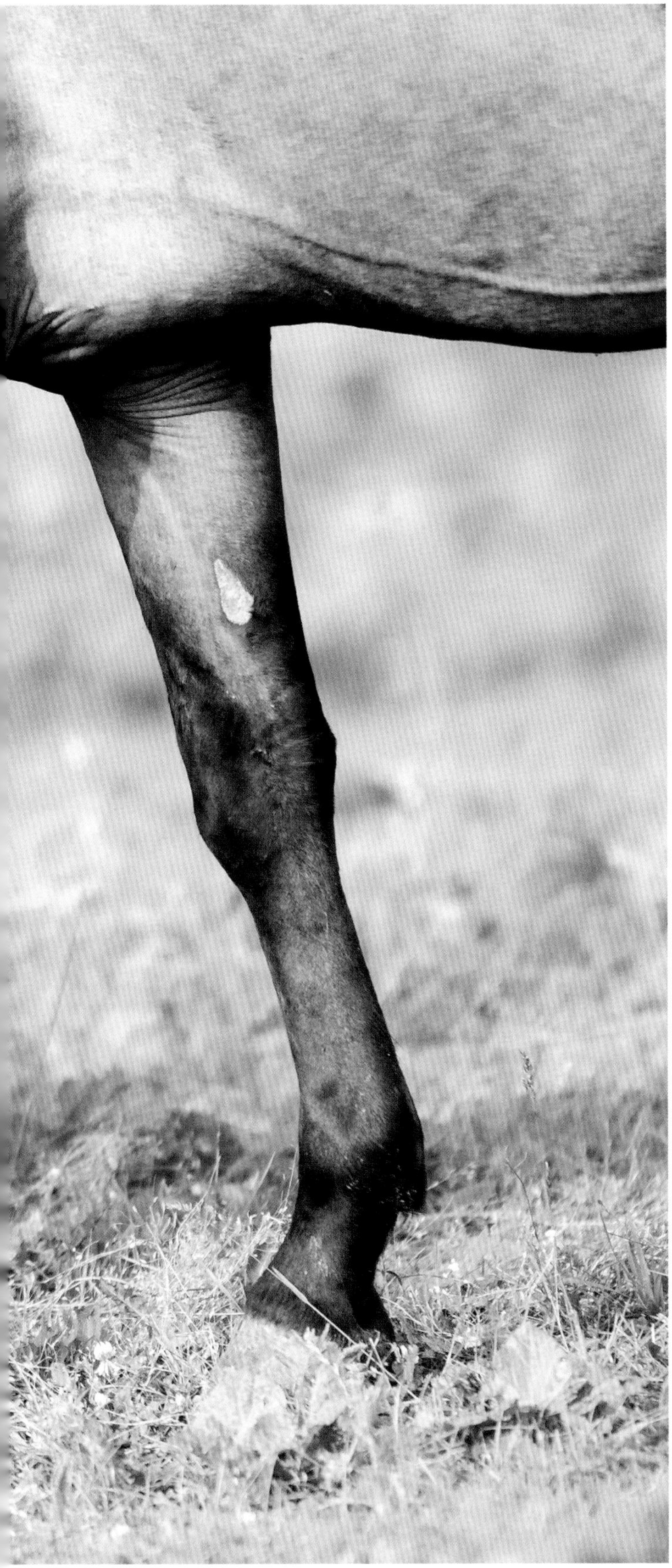

两匹马的故事 / 摄影：李　刚

据尼勒克的哈萨克牧民吐尔逊江介绍，一年前，他的半岁小马驹和它的妈妈遭到狼群的袭击。为了保护孩子，妈妈葬身狼口，小马遍体鳞伤逃回家中。从这时起，伤痛一直伴随着它，使它瘦骨嶙峋，难以站立。

和这匹小马从小一起长大的另一匹小马，是它的发小，常常来看它，今天又轻轻地走到它身边。“发小”亲吻着它，似安慰似鼓励。一会用头去推它，一会又用牙叼住它的鬃毛拉它，用嘴咬住它的伤腿拽它，希望它能站起来，。

在“发小”的帮助下，它今天终于站起来了。

饿虎扑食 / 摄影：冯其坤

雪山孤狐 / 摄影：朱天明

赤狐 / 摄影：李冬妮

赤狐听觉、嗅觉发达，性狡猾，行动敏捷，分布于整个北半球，包含欧洲、北美洲、亚洲草原以及北非地区。这是一群年幼的赤狐在草地上嬉戏。

报晓/摄影：张治军

冬日暖阳/摄影：谭文东

白鹇倩影 / 摄影：郑学学

目标一致／摄影：林晓艳

寻觅／摄影：林晓艳

春水已暖/摄影：徐悦范

十字支撑/摄影：林晓艳

光影之歌 / 摄影：图登华旦

天地苍生 / 摄影：图登华旦

夕阳归途／摄影：图登华旦

沐浴爱河／摄影：图登华旦

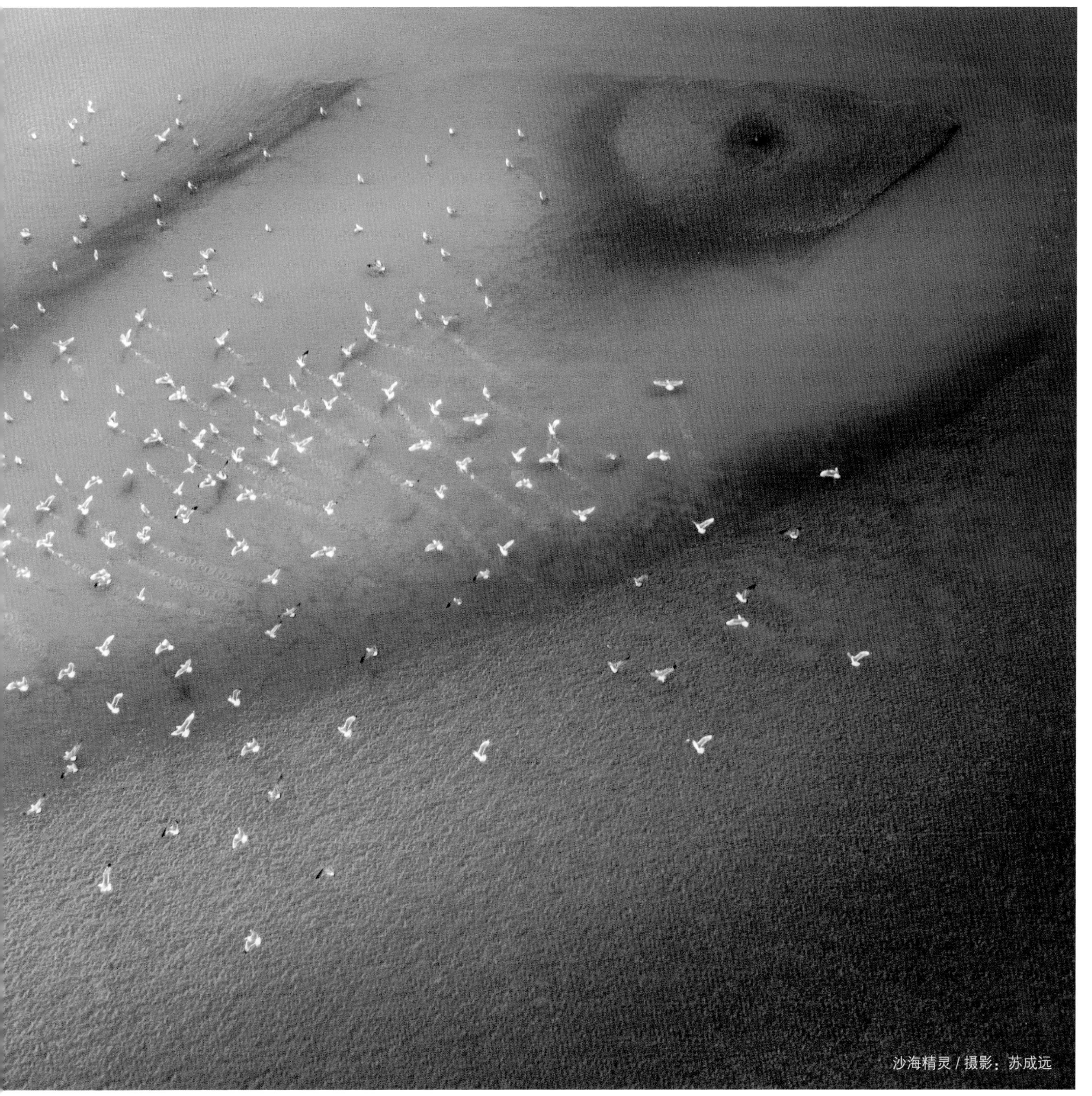

沙海精灵 / 摄影：苏成远

霓裳羽衣曲 / 摄影：白立武

霓裳羽衣曲 / 摄影：白立武

风雪天使 / 摄影：孟宪平

天堂鸟 / 摄影：孟宪平

归/摄影：嵇松扬

冬日牧歌/摄影：任延志

雪野 / 摄影：刘星明

雪飞鹅舞/拍摄：王秉鹏　风吹雪花飞，朦胧大海边。鸿鹄雾中舞，仙客到世间。

渔鹭 / 摄影：薛　杰

起飞/ 摄影：张文良

猎食 / 摄影：张文良

翩跹起舞 / 摄影：朱刚群

青花瓷 ——白马鸡/ 摄影：由美燕

猎食 / 摄影：徐成连

猎食 / 摄影：汪石城

曼妙的精灵 / 摄影：洪国忠

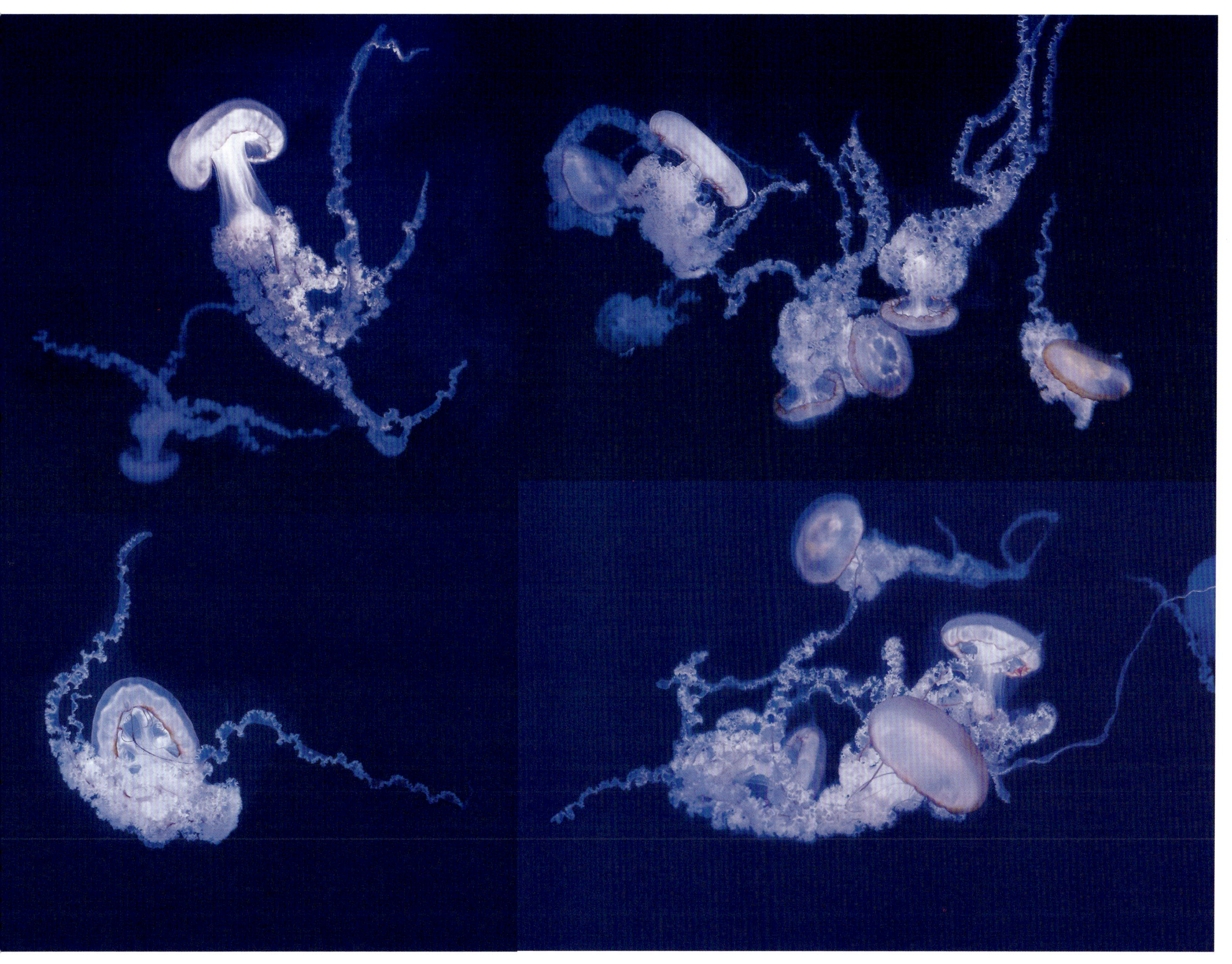

感受世间寒暑，人生冷暖，岁月无痕，心中有爱

一图胜千言，道义在肩

中国摄影艺术年鉴

贰零壹五卷

时·空/摄影：朱宪民
北京，东长安街

北京人民广播电台

G55
02.01.50B 此上面基面与另外两基面相差5mm
02.01.50与02.01.30两结合面垂直距离为1955mm
Φ8085圆上下差8mm

查看图纸的操作者 / 摄影：王玉文　　沈阳北方重工集团大件车间

为了祖国 / 摄影：线云强

在2015.9.3阅兵的训练基地，我看到最多的是线条加方块。感受最强烈的还是线条加方块。这线条加方块已不是横平竖直的简单排列，而是一位位勇士坚韧不拔、炼铁为钢的象征。

这些受阅官兵大多是20岁左右的孩子，经过百里挑一，千里挑一，一次次越过淘汰成为受阅队员。他们人均磨破5双作战靴，三五天就磨破一付手套；每天烈日下纹丝不动站立90分钟，无数个队员站立时晕倒；多名队员轻伤不下火线；承受着超越生理极限的挑战。汗水、泪水、成长、成熟，只为军旅人生能够持枪通过天安门广场，接受祖国和父老乡亲的检阅。他们在充满无数幻想和浪漫情怀的青春岁月穿上军装，接受着纪律的约束，忍受着残酷的训练，当这些普通的不能再普通的面孔一旦拿起了枪，就有常人难以想像的血性和坚强！

雄兵迎阅将为先，在阅兵训练场上16集团军副军长吴亚男少将和参谋长黄铭少将时时刻刻以身作则，他们叫响“跟我上、看我的”，将军与士兵同样在烈日下挥汗如雨。

人世间任何一种情感都比不过战友之情。战友亲如兄弟的感情，决定着阅兵方队的整齐划一，决定着战场上的生死与共、患难与共，决定着战斗的胜利。白天官兵并肩苦训，入睡前亲密无间的嬉闹，都是浓浓的战友情。

勇士炼成要经历艰苦卓绝的过程，虽然含辛茹苦，但觉甘之如饴，是为了祖国。

中国人民解放军陆军

百姓阅兵 / 摄影：徐　波

2015年9月3日阅兵，是对武装力量进行检阅的仪式，壮观瞻，振军威，鼓士气。阅兵时，空军拉开序幕，彩烟象征中华儿女气贯长虹，空军震撼人心尽显风采，努力向全世界奉献一场最精彩、最具特色的阅兵盛典。许多人都在拍摄空军序列，万人仰空。

抗战老兵 / 摄影：孟延军

经过70年岁月的荡涤，这片曾经的焦土上，深深的弹坑已填平，累累的弹痕已抹去，殷红的血迹已开出鲜艳的花朵，焦枯的树桩已抽出新枝。曾经激荡的呐喊早已逝去，英雄的身影也已渐行渐远。那成千上万烈士的英灵何在？即便已化作那满天飞舞的蝶，未曾经历过战争洗礼的后辈们，有谁能识？

巴顿说过“老兵不死，只会慢慢隐去。”

78年前的7月7日，当漫天的炮火，打破了卢沟晓月的宁静，战争的烽火迅速燃遍中华大地。一时间，半壁江山沦陷，千百万同胞血流成河，平津危急！华北危急！中华民族危急！那时，这些老兵，有的风华正茂、有的还是孩童。在民族生死存亡的紧要关头，他们发出“中国有我不亡”的怒吼：或上阵杀敌、或后方支援，皆担起抗战之责。

70年后的今天，纵横辟阖、挥斥方遒的伟人领袖之丰功伟绩已经永载史册，驰骋疆场、横刀立马之英雄将领的累累战功也家喻户晓。然而胜利的丰碑上，除了伟人的智慧与将军的运筹，更多的是千千万万亲自操刀持枪与日寇面对面拼杀的士兵的血气与精魄。在拼尽最后一颗子弹后跳崖、在日寇的酷刑下咬紧牙关……触摸他们躯体上那岁月消不去的疤痕，叩问那至今仍留在体内的弹片，我们的血液在沸腾。斗转星移70年，当那段全民族的抗战史离我们越来越远，我们又当如何去留存、去感知战争的残酷与艰难？殉国者已共清风明月，幸存者常忆铁马冰河，那些健在的抗战老兵成为历史的见证。

78年的沧桑已将多少历史亲历者化为永恒，他们英勇、独特的抗战经历还没有来得及记录就已湮没在历史长河中。随着时间的飞逝，健在的亲历者越来越少，他们的记忆或许会因着历史的久远和生理机能的衰残而越发模糊。抢救、补录这段历史资料已迫在眉睫。

“雪狼”行动 / 摄影：线云强

2015年2月4日凌晨，正在林海雪原野营冬训的沈阳军区某特战旅官兵，被一阵紧促的紧急集合声唤醒。

“上级命令我部，立即开赴雪原XX号高地，夺控重要战场目标，配合正面作战，行动代号‘雪狼’”。

此时此地，气温达零下30摄氏度，官兵刚刚经过200余公里的雪地山林徒步行军，有的战士猫耳洞、地窖子还没挖好。受领任务、请领装备、乘车机动、徒步跋涉、伪装潜伏……各特战分队消失在茫茫雪野之中。

九天猎手 / 摄影：刘应华

蒋佳冀，1981年6月出生，1999年8月入伍，空军特级飞行员，现任空军航空兵某团团长。2011、2012年连续两次参加空军歼击机航空兵部队对抗空战检验性考核，以优异战绩成为空军首位蝉联“金头盔”飞行员。2012年被空军授予“矢志打赢的模范飞行员”荣誉称号，2014年被中宣部确定为“时代先锋”典型人物，2015年获得第十九届“中国青年五四奖章”。作者跟踪蒋佳冀3年，同飞9架次，在蓝天上见证了这个“九天猎手”的风采。

从蒋佳冀坚毅的目光里能够读到一种果敢与力量。

蒋佳冀驾驶战鹰准备出击，宛如一把利剑。

蒋佳冀驾驶战鹰对地面重要目标实施垂直打击。

邪教 法輪功
龜孫子 李洪志
勾結 台獨畜牲
在台灣 造謠 作亂

台北斗法 / 摄影：高健生

小可愛全
運動背心
100

教考貨車
永隆銀行
PHARMACY CO.

流行服飾 學生名店
小湯包
23751960

一次養成
E-妹兒
adidas

台北・西门町 / 摄影：高健生

送外卖的小哥 / 摄影：徐　波

2015年，堪称送餐元年，多家大型电商纷纷加入。为了提高效率，提升形象识别率，并规范监督送餐小哥们行为，各大公司都给员工配备了电动自行车并统一着装。一时间，北京大街小巷，电动车风驰电掣，各色工装并辔而行，在给人们提供方便的同时，也使得北京的交通堵上加堵。

助程
快速充电
助程
助程
快速充电

蔗农 / 摄影：李春龙

广西省是中国甘蔗分布最广的地区，正值甘蔗砍榨季节，防城区的蔗农开始砍收甘蔗，到处是村民忙碌身影，村里的群众正在甘蔗地里砍收甘蔗，他们有的砍蔗、捆扎、装车，大家干得热火朝天。

我们的初始化 / 摄影：王凤吉

我们的初始化 / 摄影：王凤吉

沈阳北方重工集团盾构机装配车间 / 摄影：梁建勇

暖暖回家路 / 摄影：李一波

村口的古榕树 / 摄影：颜保发

逃离 / 摄影：杨海燕

钢铁是怎样炼成的——板坯连铸 / 摄影：文　武

百年站台 / 摄影：詹　卡

斯里兰卡首都科伦坡火车站。这是一座由英国人修建,有着上百年历史的火车站.昏暗的灯光、古旧质感的穹顶、颜色各异的车厢以及穿着现代服饰来去匆匆的旅客，表现出一种历史与现实强烈反差。

为了表现站台的繁忙和古老，作者采用了慢门和黑白拍摄方式。

小酒厂 / 摄影：刘孟贵

吉林省榆树市是国家主要的商品粮基地，主要作物是玉米。星罗棋布的小酒厂是转化玉米的民间办法。一个小酒厂可以吸纳十几个人就业。这个小酒厂常年生产，工人相对稳定，做酒的技术也相对成熟，远近闻名，酒和酒糟也都销路很好。

小酒厂的工人能吃苦，会合作，一项项工作动作快、效率高，一道道环节紧张有序。围绕大大的烧锅，他们辛勤的劳作着。

高空作业 / 摄影：鲍　禹

雨中情／摄影：成保平

集市一撇 / 摄影：张　艳

顽童 / 摄影：张　艳

理发匠 / 摄影：张胜利　　夕阳的光线里，残疾的身体没有让他沉沦，简陋的几件工具，几块钱的收入，让他感到满足。

就好这一口儿 / 摄影：张胜利

秋天的一个下午，阳光斜射在老人的身上。品着香茗，听着戏匣子，缕缕的青烟勾起往事的回想。对于他这是莫大的享受。

吞云吐雾 / 摄影：钟观永

四川成都双流彭镇观音阁老茶馆。这里没有都市的喧嚣和嘈杂，有的是一种自在、平静和安逸。一杯清茶，一根老烟杆，几句闲语，构成了茶馆精彩的一天。画中老者嘴里叼着一支烟枪，凝视着前方，神态安然……

浮生若梦 / 摄影：冯安安

关爱失独家庭在行动 / 摄影：苟寿成

2015年5月27日，重庆市璧山区。失独家庭，一个沉重的话题。老有所养，不仅要靠政府，我们大家都有义务，关注、关心、关爱、扶助失独家庭，才能使我们的社会更和谐。

生育关怀慰问金
30000元
生育关怀慰问金
30000元

希望工程 / 摄影：郑蔓莉

留守女孩 和她的伙伴/摄影：黄建华

浙江省松阳县叶村乡膳垄村。

曙光里的那达慕 / 摄影：郭维邦

塞外冬牧 / 摄影：千　缘

胡杨驼影 / 摄影：周厚庆

2015呼伦贝尔中国冰雪那达慕 / 摄影：吕学海

冰雪骑士 / 摄影：吕学海

冰雪骑士／摄影：吕学海

冰雪骑士／摄影：吕学海

马背民族／摄影：尹素媛

马背民族／摄影：尹素媛

天际牧人 / 摄影：图登华旦

策马扬鞭/ 摄影：杨 唯　　彪悍的草原汉子手握套马杆，赶着一群骏马像疾风一样奔驰在草原上。

梦驼铃 / 摄影：魏　刚

醉·美/摄影：魏　刚

千骑奔来，大地在颤动——来自乌兰布统的报告 / 摄影：王　励

水上奔马 / 摄影：苏友琴

灿烂千霞 / 摄影：西　湖

天边的云 / 摄影：赵熙春

高原争雄 / 摄影：韩栓柱

2015年3月下旬，我深入到帕米尔高原塔吉克民族自贡巴哈节，牦牛叼羊特别吸引我的眼球，高原勇士们在牦牛背上你争我夺，互不相让，胜的一方高声呐喊，欢欣鼓舞；败的一方毫不服输，一直争到最后。

帕米尔的春天 / 摄影：韩栓柱

塔什库尔干县塔尔塔吉克乡阿勒玛勒克村。阳春三月，春暖花开，一群孩子高高兴兴地去上学，祖国帕米尔春天的花朵，在阳光下茁壮幸福的成长。

和谐 / 摄影：陈忠平

在希望的田野上 / 摄影：刘尊富

河南省柘城县沙河乡。晨雾弥漫中，两位农民大叔在田野上伴着朝霞播种小麦，播撒希望。在中国梦的感召下，勤劳的中国农民，顺势而为，借助科技力量，靠自己的双手和智慧努力迈向致富小康的道路。

初冬晨放 / 摄影：袁永杰

草原骏马 / 摄影：王　雄

牧歌 / 摄影：尹树高

转经 / 摄影：袁 东

雪中转经／摄影：刘阳兵

诵经 / 摄影：高月敏

祈福／摄影：车 梅

藏饰 / 摄影：罗继锋

朝拜路上／摄影：乔战雄

梵音／摄影：林莹

目光 / 摄影：郭凯冬

在成都街头遇见的一对藏族婆孙俩，小男孩想要玩具，而老人不同意买，小男孩便在街上大哭起来，老阿婆见到我看着她们，回头对我羞涩的笑了。

闲趣 / 摄影：陶　云

偶遇 / 摄影：陶　云

上早课的觉母 / 摄影：陶　云

四川省甘孜藏族自治州白玉县境内的亚青寺，每年有数万名僧尼在此实修。清晨，遇到三位准备上早课的觉母，在如此艰苦的生存环境中修行，她们仍然保持着乐观的态度，展露出天真、灿烂的笑容，令人印象深刻。

甘丹寺前的朝拜者/ 摄影：陶　云

在西藏拉孜的甘丹寺大殿前，巧遇一位从云南香格里拉来朝拜的藏族老阿妈，一问才知道她已经八十多岁了，为了了却多年的心愿，千里迢迢，一路风餐露宿，到甘丹寺来朝拜。虔诚之心，令人肃然起敬。

彝/摄影：王 静

转经/摄影：王 静

心的呼唤 / 摄影：杨晓勇

虔诚 / 摄影：李斯尔

虔诚／摄影：袁正利

未来男子汉 / 摄影：李晓文

留住童年 / 摄影：向进福

2015年2月26日（正月初八），在芦笙节坡会上，小朋友们纷纷合影留念。位于广西柳州融水苗族自治县的杆洞乡被誉为“百鸟衣”之乡，全乡民族文化底蕴深厚，每年正月开展“百鸟衣”芦笙节、拉鼓节等民族坡会活动。

芭蕾舞剧《八女投江》/ 摄影：于沈光

76年前东北抗联的八位风华正茂的女战士在同侵略者进行了浴血奋战后，坚守信仰和尊严，毅然走向了滔滔江水，将生命献给了白山黑水。辽宁芭蕾舞团将这段历史精心编排，作为中国原创芭蕾舞剧搬上了舞台，以此纪念伟大的抗日战争和反法西斯战争胜利70周年。

古风童年 / 摄影：李晨歌

史韵 / 摄影：雷佳民　　山西大同。山西艺人正在修复的古长城上习练古戏，传承文化。

塘坊木偶戏 / 摄影：袁　奕

在江西省广昌县塘坊乡，有两个由当地土生土长的农民艺人组成的草根剧团，他们所表演的，是在当地流传2000多年现已较罕见的木偶戏。他们忙时下田，闲时登台，常年乐此不疲地活跃于赣闽边境，为这里的农村群众送去欢声笑语。

京剧剧照/ 摄影：韩五平

影像时代 / 摄影：董宝军　山西省介休市，一场传统晋剧表演吸引着摄影爱好者与后台演员争相拍摄。

Canon
Canon

复青春 / 摄影：陈　帅

2015年12月，海南海口市中山路骑楼老街，这是一次复古骑行活动现场，几个年青的学生身穿不同年代风格服饰，在一辆老式自行车上自拍照留念。复古青春，感受时代让青春带给我们的意义。

和睦家庭 / 摄影：朱　梅　　春节期间，文艺爱好者自发组织送戏下乡，在村委会临时挂起的戏幕前，演绎和睦家庭，皆大欢喜的一幕。

冰雪丽人 / 摄影：申永治

龙的传人 / 摄影：尹利梅

为秋添色 / 摄影：刘　虹

胶州秧歌／摄影：曹凤云

水的祝福／摄影：张晓梅

欢天喜地／摄影：叶海燕

小蒜沟腰鼓／摄影：张三科

陕西省榆林市府谷县

浦江元宵——板凳龙／摄影：毛伟东

幸福赞歌/摄影：王玉山

醉夕阳/摄影：王玉山

闹春田 / 摄影：王绮芸

农历正月十二这天，福建省龙岩市长汀县举河村用闹春田(俗称“甩泥佛”)的民间欢庆方式，唤醒沉睡了一个冬季的大地，迎接春耕的到来。

春种、夏长、秋收、冬藏，农田大地经过一个冬天的蕴藏，人们为祈福新春，祈求新年的五谷丰登，所有的村民一早便不惧严寒，开始欢庆。从请关帝公起驾到最后为关帝公洗身，无不欢腾的气氛渲染着整个民俗活动，农田里小伙子们的各种摔闹洋溢着无尽的欢乐和对来年丰收的热情祈盼。

涂黑脸 / 摄影：周先丽

福建省漳州市云霄县流传着这样一个民俗活动：每年的正月十一，云霄县东厦镇西埔村都会举行巡王朝拜活动。去年新婚的夫妇，都要由家里人带出来朝拜，新郎则要接受村里挑选出来的未婚男子“抹黑脸”仪式。据说，最早的时候，古人是用墨汁来替代的，现在用墨汁、鞋油混杂着。古时候人丁较少，古人为求多子多孙多福气，“抹愈乌，生查埔（涂得黑黑，生男孩）”这句顺口溜才会这么传下来，抹得越黑越幸福，新娘自始至终只能用手捂着脸，不能让外人看到自己的容貌。这是对新郎新娘婚礼的见证，以此驱邪除秽，求得日后平安无恙。

故乡社火／摄影：范毅强

宁夏西吉县陈阳川村

舞狮／摄影：刘胜冬

高跷绝技／摄影：刘成石

农闲时光家家乐／摄影：曾　欣

湖北省浠水县关口镇

新春检阅／摄影：白永红

寒假期间，分别在西安和合肥上大学的姊妹俩帮助父亲摆摊售卖年画。习大大向参加检阅的市民官兵致意的《70大阅兵》的挂历异常醒目，春意融融，主席与百姓同庆新春佳节。

欢乐中国梦／摄影：李兴明

狂欢的节日／摄影：马毅行

风靡全球的“彩色跑”在端午节来到北京园博园，近三万人报名参加这个最疯狂、最多彩、最快乐的5公里跑，一起尽情享受运动的魅力。活动结束时，人们聚集在广场上，扬起五颜六色的彩粉庆祝狂欢。

出城／摄影：王爱民

中信国安天下第一城

我们小区”候鸟人“ / 摄影：王金祥

我国北方的老人为躲避天寒、雾霾和疾病，选择到海南过冬养生，入冬来，开春走，被称作“候鸟人”，据报道2015年达近百万人。我在退休后加入这一行列，在所住小区用镜头观察、记录了身边“候鸟人”的日常生活，体验着这种老有所养的健康生活方式。

农家姐妹/ 摄影：苗新苗　　早听说东北秋天的大田是丰富多彩的，进入十月中旬我便挎上相机穿梭于东北三省农村，将镜头对准大田里劳动的农民，体会并记录下他们喜获丰收的快乐以及艰辛劳作的现状。他们平凡朴实、乐观豁达、勤劳坚韧的影像深刻地印在我的脑海中，再一次对衣食父母充满了深深地感激和敬意。

眼下，中年妇女是仍然留在农村大田里从事农业劳动的主力军。我选择这一群体作为主角，设想用最好的摄影语言去表现她们吃苦耐劳的美好品质。我努力奔走在田间地头，紧跟她们的劳动节奏，主动与她们攀谈，零距离观察诸多细节，真实体验到农家姐妹力量型外表里同样有一颗爱美、善良、温和的女人魂。长年的户外劳作使得她们的容颜比实际年龄要苍老许多，她们学会在劳动中戴上大檐帽大口罩之后再用透明纱巾将自己头颈部包裹起来以防晒防尘，自我保护意识已经比她们的上一辈强多了。她们总能用自然的微

笑与你交谈，并不拒绝你为她拍照。她们眷恋脚下的故土，习惯老家的风土人情，认为农民不能丢了土地，收成好是她们最大的满足。家庭中丈夫及成年子女可以选择去城里打工或生活，而她们却只能继续留在大田里守着老家过日子。对这样一群在农业人口中实际发挥承上启下稳定作用的人们，我们应该给予更多的关心和重视。

燃烧的岁月 / 摄影：战全慧

交谈 / 摄影：任维国

夫妻铁匠铺／摄影：孙学杰

就是这对淮南老夫妻让我找了很久，也等了很久，一直想拍这样的老年恩爱夫妻。拍摄前和老两口唠了很长时间，大爷大娘这间铁匠铺开了几十年，平日里依靠打一些船用铁件维持生计，不算富裕，关键是夫妻恩爱就好。大娘一直忙着生炉子烧水，我和大爷谈论着这里十几家铁匠铺的兴衰，不一会大娘用一个铁铲把炉膛里刚烧开的铁壶挑了出来，招呼我给茶杯加水，我放下茶杯，掏出相机记录了这个瞬间。拍摄于2015年11月

老铁匠／摄影：孙学杰

在淮南打铁巷见到了一个老铁匠，老人主动要我猜他多大年纪，我故意减了十岁，说道：你有60多岁，老人说：你猜错了，我80了。我还是猜错了。我问他：有没有人来这给您拍照？有很多，但是像你这样跪着拍照的还没有。老人笑着说。为了大爷高兴，递了一支香烟给他，我知道吸烟对健康无益，但是老人干活习惯叼根烟。拍摄于2015年11月

夜战／摄影：于文杰

战备管厂的工人夜战／摄影：何震楣

地质灾害救援／摄影：邱耀峰

劳动者之歌/摄影：尤伟

炉前工人/摄影：冯宏贵

镜间街里 / 摄影：孙德波

街里，是以青岛中山路为主，包括黄岛路、四方路、潍县路等几条相邻道路形成的购物休闲地，曾经是几代青岛人心目中美好生活的象征。这里的民居老建筑“里院”是老青岛最具代表性的民居式样。里院大多平行于街道而建，从外面看和一般楼房没什么两样，但里面四周围合，中心形成一个大院，然后大院套小院，住着几十户甚至上百户人家。其中积淀的故事是这片老城区别于其他城市的独特生活景观。在青岛旧城改造的大背景下，这些沧桑百年的街道和老屋即将消失。

喜看转运大戏/摄影：晨 燕

监考/摄影：晨 燕

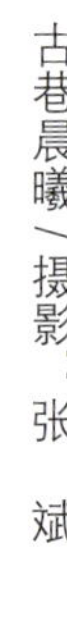

古巷晨曦/摄影：张　斌

前尘往事/摄影：晨　阳

古苗寨实记／摄影：杨伟光

茶马古道上的老妇 / 摄影：李建军

老姊妹 / 摄影：曹业琦　　老姐妹俩见了面，家长里短，有说不完的话。

默契/摄影：牛世云

父母送来的午餐/摄影：孙泽辉

四川资中铁佛古镇幼儿园。

布朗山寨的留守人 / 摄影：张晓梅

亲家话长／摄影：刘干文

雕琢时光／摄影：袁　奕

宁波市鄞州区横溪镇朱金漆木雕馆。朱金漆木雕被列入首批国家级非物质文化遗产名录。

乡愁／摄影：宋小鑫

春耕时节／摄影：方津芝

北京·正在消失的村庄 / 摄影：王　励

时辰包子 / 摄影：宋渭涛

陕西省渭南市东风街附近的城中村里，这家时辰包子生意分外的好。时辰包子是渭南最有名的传统小吃。时辰包子从材料到制作都有严格的规程，一丝不苟。做皮的面，要选上等小麦，用石磨细磨如箩。做馅的猪油，要用真正猪内腔里那两块板油，不用花油，而且要精心贮存1年后再用。油去膜，切成黄豆般小粒，和以粗面粉，锅内加陈菜子油，文火炒熟。佐料用华县特产赤水大葱，去掉头、叶、杈，仅取其中，拌上陈菜油、炒面作馅。配以韩城特产大红袍花椒、小茴、大茴、丁香、桂皮、草果、砂仁、荜拨、豆蔻制作的九味调料。包子状如僧帽，小巧玲珑，周边洁白，包底金黄，肥而不腻，香味悠长。热气腾腾，香甜美味。

外来户 / 摄影：王颖丽

面人飞彩 / 摄影：焦广营

2015年2月20日，河南省洛阳市关林庙举行春节民俗文化庙会。捏面人，也叫面塑，是一种传统的民间艺术，以糯米面为主料，调成不同色彩，用手和简单工具，塑造各种栩栩如生的形象。洛阳偃师大口镇面塑，是河南省非物质文化遗产，其人物、动物、花鸟形象千姿百态，生动夸张，活灵活现，艳丽多彩。

火树银花不夜天 / 摄影：姚　丽

打铁花是我国民间艺术中最富有文化特色的非物质文化遗产，它又与民众祈福、民间信仰及祭祀相融在了一起。每年元宵节前夕，山东博山地区的百姓都要在柳树林里以打铁花的方式来祈福风调雨顺。表演时十几个“打花”者把炼好的铁汁舀在长勺里，轮流向泼花墙甩去，顿时铁花飞溅，火树银花。

打芦苇 / 摄影：葛世卿

远方的家——陪着父母去封窑 / 摄影：李旭华

一群云南红河大山里的哈尼族人辗转北上3000多公里来到辽宁省辽阳市范家村砖厂打工谋生。这些几个月到几岁大的孩子也跟着父母成了“候鸟人”，他们每天在砖窑里、坯趟间跟着父母辛苦劳作，嬉戏玩耍，再艰苦的环境也无法湮灭孩子的多彩童年，简陋的砖厂成了他们远方的家。

父亲们往砖窑中摆砖坯，封好后用煤烧制成砖。

妈妈有病在床，哈尼娃娃才有机会爬上爸爸的脊背，跟着爸爸做饭、操持家务，体验不一样的感受。哈尼族属父系种族，男人权力至上，可在这遥远异乡，生活对每个人都是一种考验。

这个降生不久的婴儿是这群哈尼娃娃中最小的，母亲在喂奶，父亲在抽着从家乡带来水烟。虽然医疗和生活环境恶劣，但孩子同样拥有爱。

突然来访的兄弟带来了最大的快乐，光屁股一起长大的友情，在两个娃娃身上得到了延续。本该到了上幼儿园的年龄，可对这些哈尼娃娃来说幼儿园只能是个梦想。

美食拉面／摄影：陈　智

安徽省枞阳县义津镇杨湾村

看个究竟／摄影：黄雅青

阿卡人家 / 摄影：盛仁昌

阿卡人是哈尼族的一个支系，人称爱尼人，自称阿卡，阿卡人是个跨境民族，分布在中国云南省南部、缅甸东北掸邦、老挝北部、越南西北部和泰国。

织锦的黎族老人 / 摄影：李春华

海南省保亭县甘什岭生态保护区槟榔谷。海南黎族织锦被称为中国纺织史的活化石。

苗绣 / 摄影：刘阳兵

红太阳的光辉照我家 / 摄影：于　林

乡下老叔 / 摄影：李玉刚

这天黄昏时，天气依旧阴沉着，老叔就地偎坐在山坡上歇息，老黄狗也跟着。老叔穿着糙旧的衣裳，带着篮子刚走地里回来。山上的山茱萸成熟了，老叔去摘山茱萸结的“红枣豆”。红枣豆可以卖钱，是一种中药材，老家盛产这个，这几年价格不高，乡下人也不愿糟蹋了果子，看见树上结的稠，摘回家卖些钱可以买油买盐。乡下人也就是这样过日子的。

核桃树下老奶奶 / 摄影：李玉刚

住在山上的奶奶八十多岁了。一天奶奶拄着拐棍到山下的村卫生所检查身体，回来的路上，恰巧遇上，于是我陪着奶奶走了一段路。山路不好走，奶奶年纪也大了，脚步缓慢。路边有棵核桃树，叶子落尽，在这季节赤裸着它那粗糙的枝干。奶奶走过时，我趁机留下这一瞬间，奶奶知道我是给她拍照，乐呵呵地说：“娃，拍啥呀，奶奶老了，不好看了。”说完还是露着微笑。我喜欢乡下的核桃树，喜欢核桃树下的老奶奶。

一曲红尘引 / 摄影：张　烨

爱的足迹 / 摄影：冀振华

三“见”齐发 / 摄影：苏海杰

琴键上跃动的音符／摄影：于 焱

马路天使／摄影：王 娟

正当防卫 / 摄影：卢安华

时尚古今 / 摄影：呼　啸

助手／摄影：吴广庆

父女情／摄影：付敏杰

赛龙舟 / 摄影：周笑真

华发映桃红 / 摄影：张春雷

芒哥节的疯狂 / 摄影：向进福

2015年2月27日，正月初九，地处深山的广西柳州融水安陲乡乌拥村每年都要举行传统的“芒哥节”，众多苗族男性青少年戴着面具、披着芒草、扮成“芒哥”起舞，为人们“驱除魔邪”，送去新春的祝福，并和其他村民一起疯狂争抢散落的礼金。

黄河羊皮筏 / 摄影：朱跃中　　宁夏回族自治区中卫市黄河沙坡头

背后的马拉松 / 摄影：杜　军　　2015年3月，重庆国际马拉松比赛现场，女保安在恣意奔跑的运动员前悄然张望，她的热情已刹那飘向终点。

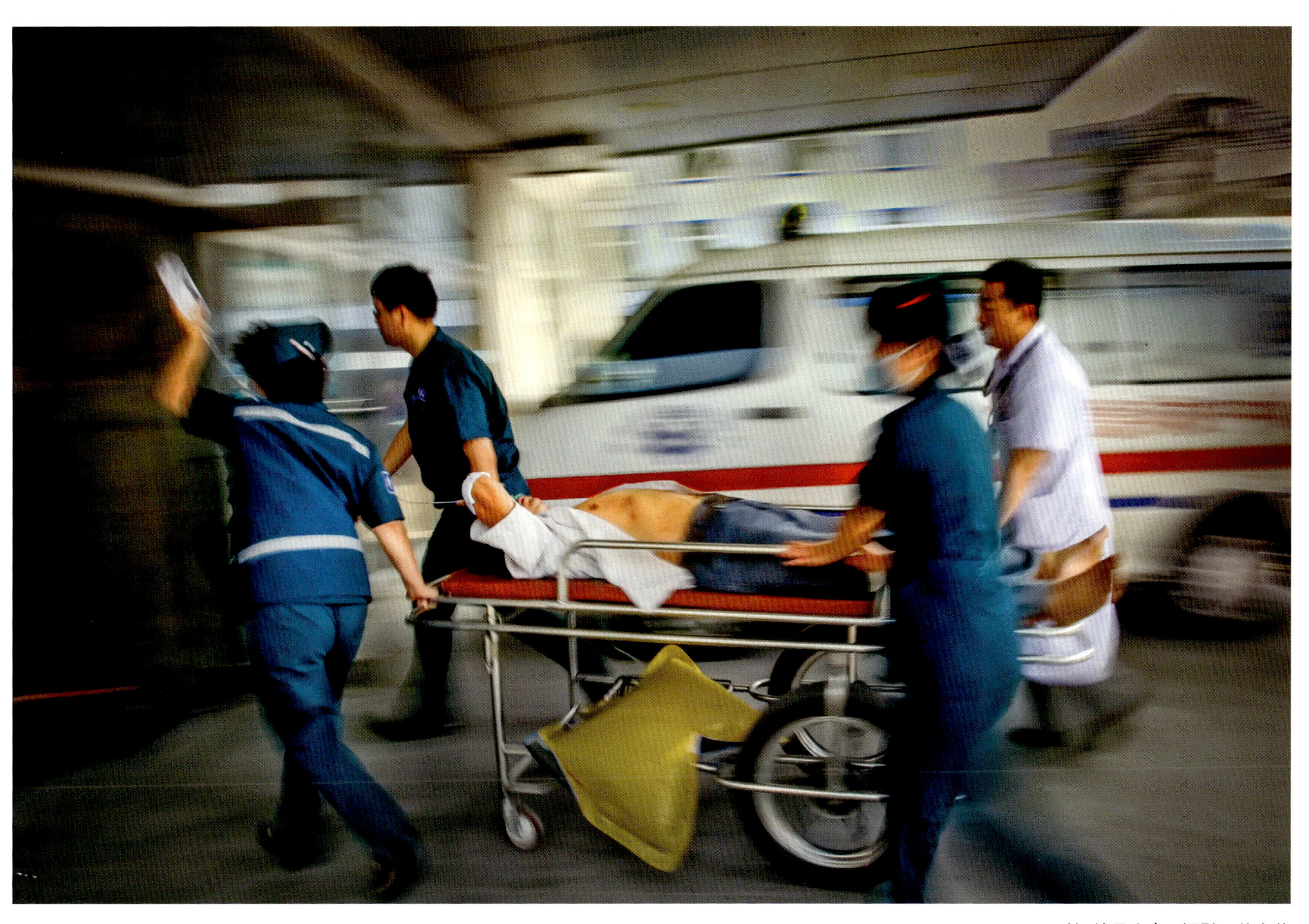

时间就是生命 / 摄影：姜素英

快乐冬泳人 / 摄影：王　为

车技 / 摄影：王　为

激战犹酣 / 摄影：曹　炯

2015年4月13日至17日，　由中国乒乓球协会主办，安徽省球类运动管理中心、阜阳市体育局、安徽京合体育发展有限公司承办的“名仕”杯2015年中国乒乓球俱乐部甲C联赛（阜阳站）在阜阳市体育中心综合馆开赛，来自全国各地64支代表队的276名专业运动员参加比赛。

炫舞好心情 / 摄影：陈继红

流动／摄影：李福清

威严／摄影：张景璐

雨染七彩 / 摄影：王晓龙

在场，不在？/ 摄影：王肇航

在场，不在？/ 摄影：王肇航

融 / 摄影：张绪栋　　用日常生活中动植物进行重构，反应现代机械文明下的生命观的残酷与不道德，进而引发人们对自然社会的关注。

不倒的唐陵 / 摄影：张　辉

作品希望运用现代影像的表述手段，来阐释帝王陵墓雕塑给我们带来的视觉审美和文化传承的“单纯的崇高，肃穆的伟大”的愉悦感，同时试图挽回日益涣灭的传统文明印痕。作品启用了“湿版”这样种古老的工艺来和这些唐陵中的石马、石像、石狮以及石柱相遇， 不仅是一种视觉语言的相遇，更是一种共有的惺惺相惜的悲剧命运的重逢。

荒芜的民风 / 摄影：纪　元

2015年12月17日，辽宁省铁岭市开原崇寿寺。崇寿寺是东北历史重镇开原的文化标识，近年重修的咸州古城仅仅搭起一个框架，便荒芜在无望的等待中。一尊碎掉的佛像，只剩下一张笑脸。重拾淳厚朴实温良恭俭的民风，任重道远。

汉唐风系列 / 摄影：李伟光

七夕（唐）
今日云骈渡鹊桥
应非脉脉与迢迢
家人竟喜开妆镜
月下穿针拜九宵
权德舆

采莲曲（唐）
荷叶罗裙一色裁
芙蓉向脸两边开
乱入池中看不见
闻歌始觉有人来
王昌龄

七夕（唐）
今日云骈渡鹊桥
应非脉脉与迢迢
家人竟喜开妆镜
月下穿针拜九宵
权德舆

秋兴（唐）
闻到长安似弈棋
百年世事不胜悲
王侯第宅皆新主
文武衣冠异昔时
李白

肢体的力量 / 摄影：石勐尧　　/一直觉得/舞者的身体/是最美的身体/他们由心而舞/自由自在/

这组照片是由手机拍摄完成，在拍摄之前我一直在想怎样能把身体拍摄成像岩石、像山脉、像迷雾的森林，潮湿的、阴柔的、充满神秘生命力量的，即使照片的主色调是黑色，也能感受到有种力量从照片中蔓延出来，我知道那是生命的初心，是信仰的觉醒，是爱的力量。

舞剧《十面埋伏》/ 摄影：盛仁昌

炫彩／摄影：胡金徽

少女/摄影：胡金徽

海的女儿 / 摄影：于家睿

尚真无邪 / 摄影：郭中坚

悠扬 / 摄影：陈志迪

优雅 / 摄影：陈志迪

China Datong
“影像的力量”中国（大同）国际摄影文
"Power of the Image" China (Datong) International Photography C
镜美尊颂奖典礼
King of Photography Award Ceremony
主办：中国公共关系协会
大同市人民政府
China Public Relations Associat

2015《影像的力量》中国(大同)国际摄影文化展》开幕

2015年9月10日，由中国公共关系协会和大同市人民政府共同主办的《影像的力量》中国(大同)国际摄影文化展在大同市东城墙和阳美术馆正式开幕。

《影像的力量》中国（大同）国际摄影文化展是为贯彻落实“一带一路”战略构想，推动沿途文化经济合唱，实现“中国梦”和“世界梦”而共同打造的具有国际影响力的新影像文化经典品牌。尤为值得关注的是，这次活动首设“镜美尊”，并于开幕日当晚举行了隆重的“镜美尊”颁奖典礼，向10位国际知名摄影大师颁授致敬。“镜美尊”得主分别来自法国、德国、韩国、波兰以及中国大陆与台湾地区，他们是：阎雷（Yann Layma）、朱宪民、具本昌（Koo Bohnchang）、任国恩、齐柏林（CHI Po-lin)、解海龙、瑞恩哈德·克劳斯（Reinhard Krause）、李学亮、吴建斌和罗曼·罗兰。“镜美尊”获得者由全球摄影艺术权威推选，是赋予镜头生命与活力的摄影师的最高荣誉。

《影像的力量》中国（大同）国际摄影文化展是一个瞭望多彩世界，了解丝路文化，感受大美大同的窗口，对于宣传推动大同更好地融入“一带一路”文化经济互动，促进中外文化交流发展，扩大和提升大同的国际知名度和影响力，乃至打造“中国摄影之都”，无疑都将起到积极的推动作用。

2015年“镜美尊”得主，左起 李学亮、齐柏林、瑞恩哈德-克劳斯、具本昌、朱宪民、解海龙、任国恩、阎雷、吴建斌

摄影：刘玉军

《朦胧的远方》

中国高校大学生作品

诗和远方 / 摄影：于　淼

迷城 / 摄影：郭臣玉

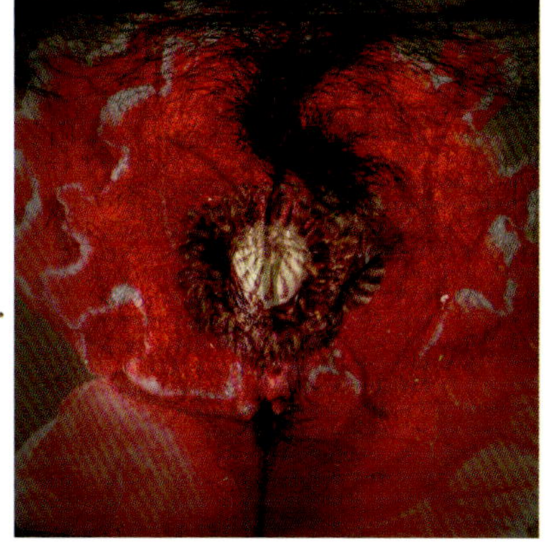
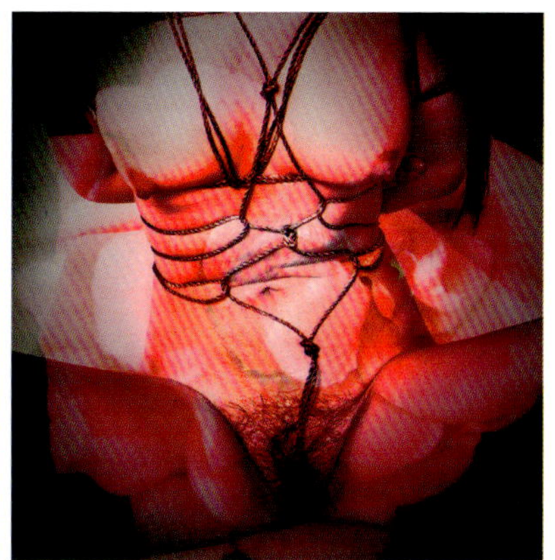
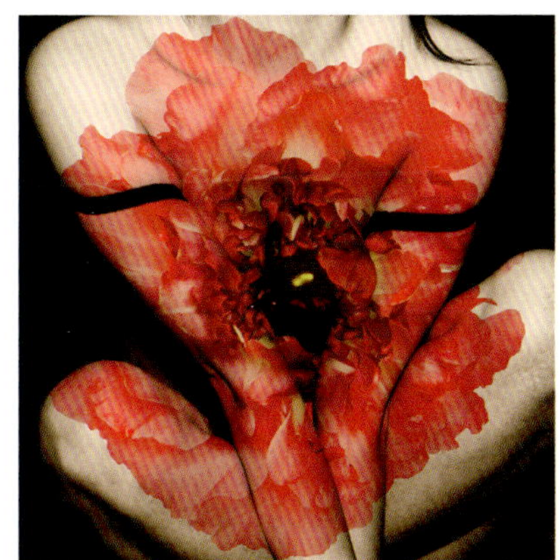

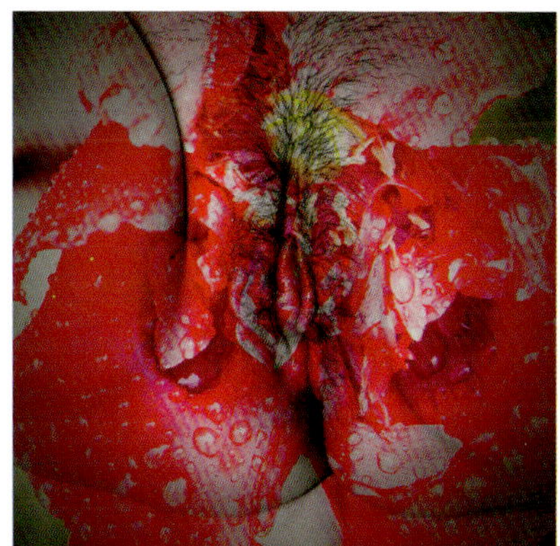

谁把情深乱了流年 / 摄影：韩方达

青春荒诞离奇，是岁月善意落下，残缺悬念。窗外迷雾绕眼，睡意阑珊，彷徨惆怅绕胸前。你我总是这样，静默，留念。流年辗转，浮生未歇，梦醒时分，只道红叶流水不相随。开辟鸿蒙，谁为情种？都只为风月情浓。

放学 / 摄影：韩思远

这一代 / 摄影：何奕霖

围城／摄影：胡哲珲

新人类／摄影：朱冠霖

桃夭 / 摄影：龙祎梦

幻境 / 摄影：施　琦

商业人像 / 摄影：朴春光

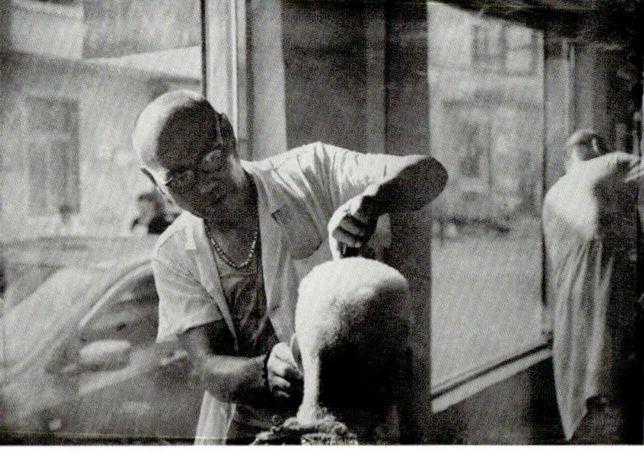
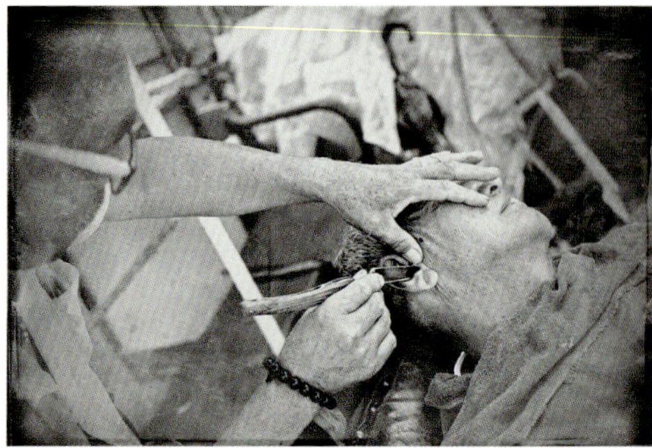

剃头匠／摄影：林谷垚

毕业／摄影：孙兆鑫

自顾自 / 摄影：苗　璐

冷静与热情 / 摄影：阎若铭

波普下的芬芳 / 摄影：王精崇

西西弗神话 / 摄影：张家华

办公室/ 摄影：于　雷

面具 / 摄影：张　彤

印迹 / 摄影：袁伟国　　这组照片拍摄主体是城市中的一些景观。它们以静态的方式呈现在人们的眼前，这些景物非常简洁明了，并且具有些许结构美感。它们与人，与人的生活方式和所处的社会环境相联系，透露自然的痕迹又印刻人为的雕琢，展现社会、历史、发展的多重意义。这些平凡的事物中所塑蕴含的人文价值通过时间的沉淀，将会保持其生命力。

附录：《中国摄影艺术年鉴——2015卷》作者及作品索引（以汉语拼音为序）

图书在版编目（CIP）数据

中国摄影艺术年鉴. 2015卷 / 高健生主编. -- 北京：国际文化出版公司，2016.10

ISBN 978-7-5125-0881-1

Ⅰ. ①中… Ⅱ. ①高… Ⅲ. ①摄影艺术－中国－2015－年鉴 Ⅳ. ①J4-54

中国版本图书馆CIP数据核字(2016)第218390号

中国摄影艺术年鉴—2015卷

主　　编　高健生
副 主 编　张　健
责任编辑　杨　华
编　　辑　马红歌　于吉涛　王　波　马贞阳
　　　　　张　俊　张国进　关紫兮　徐洪彬
出版发行　国际文化出版公司
经　销　新华书店
编　辑　《中国摄影艺术年鉴》编辑部
设　计　北京金水太和文化有限公司
印　刷　北京图文天地制版印刷有限公司
开　本　889×1194　12开
　　　　32印张
版　次　2016年10月第1版
　　　　2016年10月第1次印刷
书　号　ISBN 978-7-5125-0881-1
定　价　428.00元

国际文化出版公司
北京朝阳区东土城路乙9号　邮编：100013
总编室：（010）64271551　传真：（010）64271578
销售热线：（010）64271187　64279032
传真：（010）84257656
E-mail：icpc@95777.sina.net
http：//www.sinoread.com

中国摄影艺术年鉴　沈阳城市学院　北京金水太和文化公司

联合出品